Erika Bock

# Papier falten kinderleicht

Creativ Compact

CHRISTOPHORUS

# Inhalt

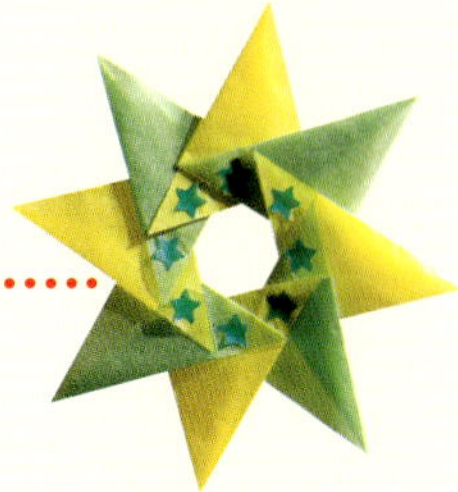

# Falten & Basteln

*Verblüffend, wie aus einem einfachen Blatt Papier lustige Tiere, fröhliche Figuren, kleine Schachteln, bunte Blumen oder Weihnachtssterne fürs Fenster entstehen. So wird aus einem flachen Blatt Papier im Nu eine dreidimensionale Figur zum Spielen, Dekorieren oder Verschenken. Die Giraffen bekommen lange Hälse und Beine aus Hexentreppen, die Mähne des Löwen wirkt durch die Zickzackfaltung schön plastisch. Einige Motive kann man mit ausgerissenen Papierschnipsel verzieren oder auch bemalen.*
*Papier falten macht Spaß und besonders Kinder können damit ihre Feinmotorik üben. Am besten beginnt man mit einfacheren Modellen und faltet sie Schritt für Schritt nach den Anleitungen. Mit etwas Geduld und Konzentration gelingen dann nach kurzer Zeit auch die schwierigeren Faltarbeiten. Der angegebene Schwierigkeitsgrad ist dabei eine Orientierungshilfe.*

*Viel Spaß beim Falten und Basteln!*

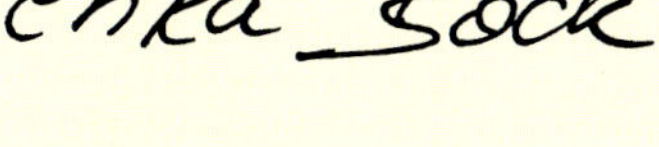

# Material & Hinweise

## Material

Im Fachhandel werden fertige Faltblätter in unterschiedlichen Größen und Papiersorten angeboten. Die Grundformen sind quadratisch, rechteckig und rund. Es ist empfehlenswert, fertige Faltpapiere zu verwenden, weil sie exakt zugeschnitten sind. Es eignen sich aber auch Papiere aus Illustrierten oder Prospekten, wenn sie sich gut falten lassen. Wichtig ist, diese Papiere genau auf die angegebenen Maße zuzuschneiden.

*1*

*2*

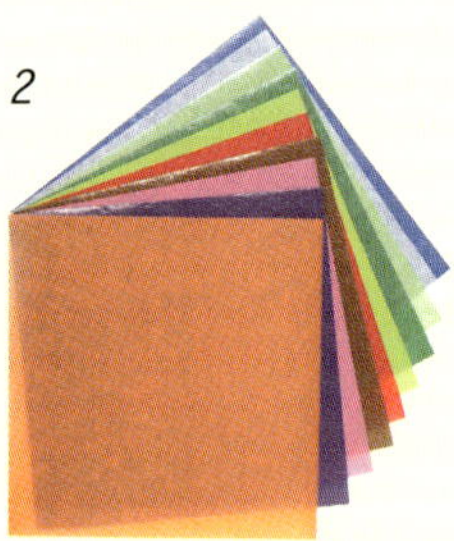

*3*

*4*

*5*

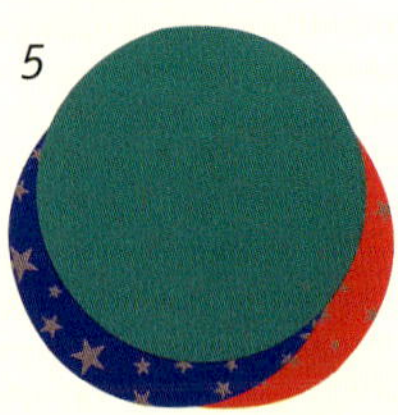

Im Fachhandel werden *Faltblätter* aus unterschiedlichen Papiersorten angeboten, zum Beispiel von der Buntpapierfabrik Ludwig Bähr:

1. *Faltblätter superintensiv* (65 g/qm)
2. *Transparentpapier-Faltblätter* (42 g/qm)
3. *Japanische Origami-Faltblätter* (70 g/qm), beidseitig unterschiedlich bedruckt
4. *Faltblätter aus Regenbogen-Buntpapier* (115 g/qm), einseitig bedruckt
5. *Runde Faltblätter* (65 bis 90 g/qm) gibt es unifarben oder bedruckt in verschiedenen Größen. Hier werden Blätter mit 12 cm Ø verwendet.

Für Hexentreppenfaltungen gibt es im Handel fertige Flechtsteifen von 50 cm Länge, man kann die Streifen auch selbst aus Tonpapier zuschneiden.

## Allgemeine Hinweise

- Auf den Vorlagebögen sind die Faltschritte verkleinert dargestellt, die Größe des Papiers wird in der Materialliste angegeben. Alle Motivteile der Figuren sind jedoch in Originalgröße abgebildet.
- Die Faltsymbole und ihre Bedeutung sind auf der ersten Seite des ersten Vorlagebogens dargestellt und erklärt.

- Zum Übertragen der Vorlagen am besten eine Schablone herstellen: Transparentpapier auf das Motiv legen und die Linien nachzeichnen. Das Transparentpapier mit Klebestift auf dünnen Karton kleben und ausschneiden. Die Schablone auf das Werkmaterial legen und mit Bleistift umfahren, Konturen nachschneiden.
- Beim Kleben nur wenig Klebstoff verwenden, um unschöne Flecken zu vermeiden. Bei transparenten Motiven wie den Sternen empfiehlt es sich, doppelseitig klebenden Klebefilm zu verwenden.

## *Hilfsmittel*

- Transparentpapier und dünnen Karton für Schablonen,
- Bleistifte (H, B),
- weicher Radiergummi,
- Buntstifte in Weiß, Rot, Braun,
- Lackstift in Weiß,
- Filzstifte in Rot, Grün, Schwarz,
- Papierschere,
- Klebstoff für Papier, z. B. UHU flinke flasche oder UHU stic,
- Nähnadel,
- Bürolocher, Lochzange.

## *Tipps zum Falten*

- Gerade und exakt falten.
- Die Ecken genau übereinander legen und sorgfältig falten.
- Die Faltkante mit dem Zeigefinger nachfahren.
- Beim Falten nicht nur den jeweiligen, sondern auch den folgenden Schritt ansehen.
- Die auf dem Vorlagebogen abgebildeten Faltsymbole beachten, insbesondere den Hinweis „wenden".
- Auf einer festen, glatten Fläche falten.

## *Schwierigkeitsgrade*

Bei allen Motiven ist der Schwierigkeitsgrad angegeben. Er bezieht sich nicht auf die Ausgestaltung des Motivs, sondern auf die jeweiligen Faltschritte. Die Angaben der Schwierigkeitsgrade sind nur richtungsweisend. Die feinmotorischen Fähigkeiten können auch bei Kindern gleichen Alters unterschiedlich sein.

| | |
|---|---|
| * | *gelingt leicht* |
| * * | *etwas schwieriger* |
| * * * | *erfordert Konzentration* |
| * * * * | *erfordert Geduld und Konzentration* |

# Leopard, Tiger & Löwe

## Material

***Für alle***

- Filzstift in Schwarz
- Lackstift in Weiß

***Leopard***

- 2 Faltblätter in Gelb, 10 x 15 cm
- Buntstift in Braun

***Tiger***

- 2 Faltblätter in Orange, 10 x 15 cm

***Löwe***

- Tonpapier in Beige, DIN A4
- Faltblatt in Gelb, 3x 15 x 2,5 cm
- Chenilledraht in Beige

*Tipp:*
*Auf die Augen Glanzpunkte mit einem weißen Lackstift setzen, das macht den Gesichtsausdruck lebendiger.*

## Vorlagen

A1, A2

## Schwierigkeitsgrade

***Leopard & Tiger***

*

***Löwe***

**

# Giraffen

## Material

- Tonpapier in Gelb, Orange
- Für jeden Hals 2 Flechtstreifen in Gelb oder Orange, 1,5 x 50 cm
- Für die Beine einer Figur 4 Flechtstreifen in Gelb oder Orange, 1 x 50 cm
- Tonpapierrest in Braun
- Garnrest in Braun
- Buntstift in Braun
- Lackstift in Weiß
- Filzstift in Schwarz
- Fingerfarbe in Braun

*Für Beine und Hals Hexentreppen falten.*

*Körper, Kopf und Schwanz nach den Vorlagen ausschneiden. Beine und Schwanz zwischen beide Körperteile kleben.*

*Den Hals auf die umgeknickte Körperspitze kleben und den Kopf am Halsende anbringen.*

*Die Fellzeichnung aufmalen oder aufkleben.*

*Garn oder Wolle bündeln und als Schwanzspitze fixieren.*

**Vorlage** B

**Schwierigkeitsgrad**

**

# Enten

**Material**

***Für alle Figuren***

- Woll- oder Garnreste, farblich passend
- Wackelaugen, oval, 7 mm

***Kleine Enten***

- Faltblätter in Gelb, Orange, Rot, 10 x 10 cm

***Große Ente***

- Faltblatt, zweiseitig bedruckt in Gelb-Orange, 12 x 12 cm
- Je 1 Faltblatt in Gelb, Orange

**Vorlage** C

**Schwierigkeitsgrad**

****

# Oster-hasen

## Material

***Für alle Figuren***

- Bunte Papierreste
- Buntstift in Weiß
- Lackstift in Weiß
- Filzstift in Schwarz
- Bürolocher
- Wellenschere

***Große Hasen***

- Faltblatt in Braun, 15 x 15 cm
- Tonpapier in Hellbraun, 15 x 15 cm
- Wackelaugen, oval, 7 mm
- Wackelaugen, rund, 7 mm Ø

***Kleiner Hase***

- Faltblatt, zweiseitig bedruckt in Gelb-Braun, 12 x 12 cm

*Für die Verzierung der Eier Quadrate schneiden und Streifen mit der Wellenschere ausschneiden, Punkte mit dem Bürolocher ausstanzen.*

**Vorlage** D

**Schwierigkeitsgrad**

****

# Vogelmobile

**Material**

- Für jeden Vogel 2 Faltblätter in einer Farbe, z. B. Gelb, Orange, Rot, Pink, Hellgrün, Mittelgrün, 10 x 15 cm
- Federn in Gelb, Orange, Rot, Pink, Hell- und Mittelgrün
- 2 Schaschlikstäbe, ca. 25 cm lang, einen davon in der Mitte quer teilen
- Je 2 Holzperlen in Gelb, Rot, Grün, 10 mm Ø
- Filzstift in Schwarz
- Nylonfaden

*An jedes Ende der Schaschlikspieße eine Holzperle kleben. Nylonfäden oben an den Vögeln befestigen und an die Mobilestäbe knoten. Die Knotenpunkte mit Klebstoff fixieren.*

**Vorlage** E

**Schwierigkeitsgrad**

*

## Käfer

### Material

- Faltblätter aus Regenbogen-Buntpapier, 10 x 10 cm (für jeden Käfer 8 Streifen von 10 x 2 cm schneiden)
- Tonpapier in Beige
- Transparentpapier in Weiß, Gelb
- Papierdraht in Weiß
- Buntstift in Rot
- Lackstift in Weiß
- Filzstift in Schwarz
- Lochzange

*Tipp*

*Jeweils eine kleine Holzwäscheklammer an die Rückseiten der Käfer kleben, damit man sie als Glückskäfer z. B. an Geldscheine, Gutscheine oder Karten klemmen kann.*

**Vorlagen**
F1, F2

**Schwierigkeitsgrad**
***

# Pfaue

## Material

***Für beide Figuren***

- Je 1 Bastelholz, 110 x 11 mm
- Lackstift in Weiß
- Filzstift in Schwarz

***Rot-grüner Pfau***

- 4 Faltblätter in Rot, 15 x 15 cm
- Je 1 Faltblatt in Gelb, Grün, 15 x 15 cm
- Tonkarton in Grün
- Motivstanzer „Kreis“, klein, mittel, oder Münzen als Kreisschablonen

***Blau-gelber Pfau***

- 4 Faltblätter in Blau, 15 x 15 cm
- Je 1 Faltblatt in Gelb, Rot, 15 x 15 cm
- Tonkarton in Gelb
- Motivstanzer „Herz“, klein, mittel

*Für jedes Pfauenrad vier Faltblätter mit 1 cm breiten Überlappungen zusammenkleben, sodass ein Blatt von 28 x 28 cm entsteht.*

**Vorlage** G

**Schwierigkeitsgrad**

***

# Blumen

## Material

- Faltblätter in Gelb, Orange, Rot, 10 x 10 cm
- Runde Faltblätter in Gelb, Orange, Grün, Pink, Violett, 12 cm Ø
- Holzperlen in Gelb, Rot, 10 mm Ø
- Chenilledraht in Hellgrün, Grün
- Wellpappe in Weiß, Rot, Violett
- Zackenschere
- Schaschlikspieß

*Nach dem Falten der Blüte in der Mitte das Loch für den Stängel mit dem Schaschlikspieß vorstechen.*

**Vorlagen**
H1 – H6

**Schwierigkeitsgrade**

**
***

# Katzen

## Material

- Zeitungspapier- oder Prospektmaterial,
  - Große Katze: Körper, 10 x 15 cm, Kopf, 8 x 10 cm
  - Kleine Katze: Körper, 8 x 13 cm, Kopf, 6,5 x 8,5 cm
- Lackstift in Weiß
- Filzstift in Schwarz

## Vorlagen

I1, I2

## Schwierigkeitsgrad

***

3 x 22
Freitag, 3. Februar

# Prinzenpaar

## Material

***Für beide Figuren***

- Tonpapier in Hautfarbe
- Chenilledraht, je 9 cm
- Je 1 Schaschlikspieß
- Wollreste
- Buntstift in Rot
- Filzstift in Schwarz
- Lackstift in Weiß
- Wellenschere

***Prinzessin***

- Je 1 Faltblatt in Gelb, Orange, Violett, Pink, 10 x 15 cm
- Sticktwist in Rosa
- 4 Schmucksteine „Herzen“

***Prinz***

- Je 1 Faltblatt in Gelb, Grün, 2 Faltblätter in Hellblau, 10 x 15 cm
- 5 Schmucksteine „Kreise“
- 3 Holzperlen, 10 mm Ø
- Zahnstocher

***Blumen***

- Faltblätter, 10 x 15 cm
- Chenilledraht, jeweils 10 cm lang
- Je 1 Schaschlikspieß
- Acrylfarbe in Grün
- Pinsel

**Vorlagen** J1 – J3

**Schwierigkeitsgrad**

***

# Sterne

## Material

***Stern in Rot-Orange***

- 16 Transparentpapier-Faltblätter in Rot, 10 x 10 cm
- 8 Transparentpapier-Faltblätter in Orange, 10 x 10 cm

***Stern in Gelb-Orange***

- Je 8 Transparentpapier-Faltblätter in Gelb, Orange, 10 x 10 cm

***Stern in Gelb-Grün***

- Je 4 Transparentpapier-Faltblätter in Gelb, Grün, 10 x 10 cm
- Motivstanzer „Stern" klein

## Vorlagen

K1 – K3

*Bei den kleinen Sternen ist einmal die Vorderseite und einmal die Rückseite zu sehen. Die Sterne auf beiden Seiten mit Stanzsternchen verzieren.*

## Schwierigkeitsgrade

***Stern in Rot-Orange***
***Stern in Gelb-Orange***

**

***Stern in Gelb-Grün***

*

# Winter & Weihnachten

## Material

***Für alle Figuren***
- Lackstift in Weiß
- Filzstifte in Rot, Schwarz
- Motivstanzer „Stern"

***Großer Schneemann***
- Offsetpapier in Weiß, Zuschnitt für den Körper: 10 x 15 cm
- Je 1 Faltblatt in Rot, Blau, 10 x 10 cm

***Kleiner Schneemann***
- Offsetpapier in Weiß, Zuschnitt für den Körper: 8 x 11,5 cm
- Tonpapier in Schwarz
- Faltblatt in Gelb-Grün, 10 x 10 cm
- Filzstift in Grün

***Weihnachtsmann***
- 2 Faltblätter in Rot, 10 x 15 cm
- Je 1 Faltblatt in Gelb, Grün
- Tonpapier in Rosa
- Watte

*Damit die Figuren gut stehen, unten hineingreifen und die Papierlagen auseinander ziehen, um die Standfläche zu vergrößern.*

## Vorlagen
L1, L2

## Schwierigkeitsgrad
**

# Viel Glück!

**Material**

- Tonpapier in Rosa, Pink, Zuschnitt für die Schachtel: 12 cm Ø, Zuschnitt für den Kopf: 10 x 10 cm
- Faltblätter in Grün, 10 x 10 cm
- Buntstift in Rot
- Lackstift in Weiß
- Filzstifte in Rot, Schwarz
- Klebepads
- Zirkel

*Soll die Schachtel einen Deckel erhalten, den Schachtelboden mit einem 2 mm kleineren Durchmesser ausschneiden.*

*Die Kleeblätter in verschiedenen Größen anfertigen.*

**Vorlagen**
M1 – M3

**Schwierigkeitsgrad**

*

# Impressum


**ISBN-13: 978-3-419-56790-6**
**ISBN-10: 3-419-56790-1**



**Lektorat und Produktion:**
Elke Fox, Freiburg

**Styling und Fotos:**
Christoph Schmotz, Freiburg

**Covergestaltung und Layoutentwurf:**
Network!, München

**Coverrealisierung:**
smp, Freiburg

**Druck:**
Freiburger Graphische Betriebe

Verlag Herder GmbH
Christophorus-Verlag
Hermann-Herder-Str. 4
79104 Freiburg
Tel.: 0761/2717-0
Fax: 0761/2717-352
E-Mail:
info@christophorus-verlag.de
www.christophorus-verlag.de

# Weitere Titel von Erika Bock

ISBN-13: 978-3-419-56780-7
ISBN-10: 3-419-56780-4

ISBN-13: 978-3-419-56749-4
ISBN-10: 3-419-56749-9

ISBN-13: 978-3-419-56715-9
ISBN-10: 3-419-56715-4

ISBN-13: 978-3-419-56695-4
ISBN-10: 3-419-56695-6

## Kreativ-Service

Sie haben Fragen zu den Büchern und Materialien? Frau Erika Noll ist für Sie da und berät Sie rund um die Themen Basteln und kreatives Hobby. Rufen Sie an! Wir interessieren uns auch für Ihre eigenen Ideen und Anregungen. Schreiben Sie an Frau Noll oder direkt an den Verlag, wir hören gern von Ihnen! Per E-Mail: **mail@kreativ-service.info** oder Tel. **071 50/30 27 77** | Mo. – Do.: 9.00 – 16.00 Uhr / Fr.: 9.00 – 13.00 Uhr

## Impressum


**ISBN-13: 978-3-419-56790-6**
**ISBN-10: 3-419-56790-1**



**Lektorat und Produktion:**
Elke Fox, Freiburg

**Styling und Fotos:**
Christoph Schmotz, Freiburg

**Covergestaltung und Layoutentwurf:**
Network!, München

**Coverrealisierung:**
smp, Freiburg

**Druck:**
Freiburger Graphische Betriebe

Verlag Herder GmbH
Christophorus-Verlag
Hermann-Herder-Str. 4
79104 Freiburg
Tel.: 0761/2717-0
Fax: 0761/2717-352
E-Mail:
info@christophorus-verlag.de
www.christophorus-verlag.de

## Weitere Titel von Erika Bock

ISBN-13: 978-3-419-56780-7
ISBN-10: 3-419-56780-4

ISBN-13: 978-3-419-56749-4
ISBN-10: 3-419-56749-9

ISBN-13: 978-3-419-56715-9
ISBN-10: 3-419-56715-4

ISBN-13: 978-3-419-56695-4
ISBN-10: 3-419-56695-6